18 Mai 1908

marqué P

Collection d'un Amateur

Gravures du XVIIIe Siècle

FRANÇAISES ET ANGLAISES

ANCIENNES FAIENCES DE ROUEN

BRONZES D'AMEUBLEMENT

EXEMPLAIRE DE H. STETTINER

MAI 1908

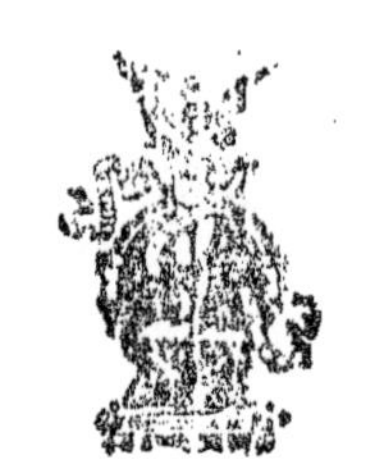

CATALOGUE

DES

GRAVURES DU XVIIIe SIÈCLE

FRANÇAISES ET ANGLAISES

EN NOIR ET EN COULEURS

Anciennes Faïences de Rouen

BRONZES D'AMEUBLEMENT

FLAMBEAUX, CANDÉLABRES, APPLIQUES, PENDULES

D'ÉPOQUE LOUIS XVI

Composant la Collection d'un Amateur

Dont la Vente aux enchères publiques aura lieu

HOTEL DROUOT, SALLE N° 7

LE LUNDI 18 MAI 1908

à deux heures

COMMISSAIRE-PRISEUR	EXPERTS
Mᶜ F. LAIR-DUBREUIL	MM. PAULME & B. LASQUIN FILS
6, rue Favart	10, rue Chauchat | 12, rue Laffitte

PARIS

EXPOSITION PUBLIQUE

Le Dimanche 17 Mai 1908, de 2 heures à 6 heures

CONDITIONS DE LA VENTE

La vente sera faite au comptant.

Les acquéreurs paieront *dix pour cent* en sus des enchères.

L'Exposition mettant le public à même de se rendre compte des objets, aucune réclamation ne sera admise une fois l'adjudication prononcée.

Paris. — Imprimerie de l'Art, Ch. Balger et Cᵉ, 41, rue de la Victoire.

DÉSIGNATION

GRAVURES ANCIENNES DU XVIIIe SIÈCLE

FRANÇAISES ET ANGLAISES EN NOIR ET EN COULEURS

ALIX (P.-M.)

1 — *Portrait de Joseph Barra.*

Assassiné par les Rebelles à l'âge de treize ans. Il est mort en criant : Vive la République! La Convention Nationale a décerné à ce jeune héros les honneurs du Panthéon Français.

Petite estampe, d'après GARNERAY. Très belle épreuve *imprimée en couleurs.* Marges. Cadre ancien.

ALIX (P.-M.)

2 — *Portrait de Joseph-Agricol Viala.*

Assassiné à l'âge de treize ans par les Rebelles.

Petite estampe faisant pendant à la précédente, d'après SABLET. Très belle épreuve *imprimée en couleurs.* Marges. Cadre ancien.

ANONYME

3 — *Les Adieux de Louis XVI à sa famille.*

4 — *Les Adieux de Marie-Antoinette à sa famille.*

Deux estampes, sans noms d'auteur ni d'éditeur, décrites dans l'Iconographie de Lord Ronald Gower, n° 401.

Très belles épreuves *imprimées en bistre, les portraits en couleurs.* Avec marges. Rares. Cadres anciens.

BOILLY (D'après L.)

5 — *L'Amant musicien.*

Estampe gravée par I.-P. LEVILLY. Très belle épreuve *imprimée en couleurs.* Marges.

BOILLY (D'après L.)

6 — *Les Conseils maternels.*

Estampe, gravée par TRESCA, faisant pendant à la précédente. Très belle épreuve *imprimée en couleurs.* Marges. Rare.

BOILLLY (D'après L.)

7 — *La Douce résistance.*

8 — *On la tire aujourd'hui.*

Deux estampes faisant pendants, gravées par TRESCA. Belles épreuves *imprimées en couleurs.* Marges.

BOILLY (D'après L.)

9 — *L'Évanouissement.*

Estampe, gravée par TRESCA. Très belle épreuve *imprimée en couleurs.* Marges. Rare.

BROOKSHAW

10 — *Portraits de Louis XVI et de Marie-Antoinette.*

Deux estampes en médaillons ovales sur fond simulant un encadrement équarri, gravées à la manière noire. Très belles épreuves. Marges. Rares.

BUCK (D'après ADAM)

11 — *His Royal Highness the Prince of Wales.*

Rare et curieux portrait publié à Londres en 1799. Très belle épreuve *imprimée en couleurs.* Marges.

DEBUCOURT (P.-L.)

12 — *Le Compliment* ou *la Matinée du Jour de l'an.*

13 — *Les Bouquets* ou *la Fête de la grand'maman.*

Deux estampes faisant pendants. Très belles épreuves *imprimées en couleurs.* Marges. Rares.

DEBUCOURT (P.-L.)

14 — *La Danse des chiens en désordre.*

Estampe en travers, d'après CARLE VERNET. Superbe
épreuve *imprimée en couleurs*. Marges.

100

DEBUCOURT (P.-L.)

**15 — *Les Galans surannés* ou *les Petits Papas à la
mode.***

Estampe sur les mœurs parisiennes au commence-
ment du xixe siècle. Très belle épreuve en couleurs
Marges.

DEBUCOURT (P.-L.)

16 — *L'Orange* ou *le Moderne Jugement de Pâris.*

Estampe relative aux mœurs parisiennes du xixe siècle. Très belle épreuve en couleurs. Marges.

135

DEBUCOURT (P.-L.)

17 — *Les Visites.*

Estampe publiée le premier jour du xixe siècle. Belle
épreuve en couleurs. Marges.

145

DEMARNE (D'après)

18 — *La Promenade du matin.*

19 — *La Promenade du soir.*

> Deux estampes en travers, faisant pendants, gravées par ALIX et MORRET. Superbes épreuves *imprimées en couleurs*. Marges.

JANINET (F.)

20 — *La Compagne de Pomone.*

21 — *La Réunion des Plaisirs.*

> Deux estampes en médaillons ovales, d'après SAINT-QUENTIN. Très belles épreuves *imprimées en couleurs*.

HUET (D'après J.-B.)

22 — *L'Amant écouté.*

> Estampe gravée par L. BONNET. Superbe épreuve *imprimée en couleurs*. Remargée.

HUET (D'après J.-B.)

23 — *Le Dîner.*

> Estampe gravée par L. BONNET. Très belle épreuve *imprimée en couleurs*. Marges.

LAWRENCE (D'après Sir Th.)

24 — *Master Lampton.*

Célèbre portrait du maître, gravé à la manière noire, par S. Cousins. Très belle épreuve *imprimée en noir.* Grandes marges. Rare.

MALLET (D'après)

25 — *Chit!... Chit!...*

26 — *Par ici.*

Deux charmantes petites pièces gravées par Copia, faisant pendants. Superbes et très rares épreuves *imprimées en couleurs.* Marges.

MARIN (L.)

(LOUIS BONNET)

27 — *The Milk woman.*

Charmante estampe, médaillon ovale avec encadrement rehaussé d'or. Très belle épreuve *imprimée en couleurs.* Petites marges.

MARIN (L.)

(LOUIS BONNET)

28 — *The Woman taking coffee.*

Pendant de l'estampe précédente. Très belle épreuve *imprimée en couleurs.* Marges.

MARIN (L.)
(LOUIS BONNET)

29 — *The Charmes of the Morning.*

155

Estampe en médaillon ovale, avec encadrement rehaussé de dorure. Très fraîche épreuve *imprimée en couleurs*. Remargée sur trois côtés et au-dessous du titre.

MARIN (L.)
(LOUIS BONNET)

30 — *The Pleasures of education.*

110

Gracieuse estampe en médaillon ovale. Très belle épreuve *imprimée en couleurs*. Cadre ancien.

MARIN (L.)
(LOUIS BONNET)

31 — *The pretty nosegay garl* (sic).

180

Estampe en médaillon ovale avec encadrement, rehaussé d'or. Très belle épreuve *imprimée en couleurs*. Cadre ancien.

MARIN (L.)
(LOUIS BONNET)

32 — *The Miniature.*

260

Rare estampe en médaillon ovale avec encadrement, rehaussé de dorure. Très belle épreuve *imprimée en couleurs*.

MARIN (L.)

(LOUIS BONNET)

33 — *The Fine Musitionners.*

Belle estampe en travers, d'après RAOUX, avec cadre rehaussé de dorure. Très belle épreuve *imprimée en couleurs*. Petites marges. Rare.

670

MORLAND (D'après G.)

34 — *The fern gatherers.*

Estampe anglaise en travers, gravée par J.-R. SMITH. Très belle épreuve *imprimée en couleurs.*

MORLAND (D'après G.)

35 — *The Livery stable.*

Estampe anglaise en travers. Très belle épreuve *imprimée en couleurs*. Cadre ancien.

350

MORLAND et ROWLANDSON (D'après)

36 — *Chasse au canard.*

37 — *Chasse au faisan.*

38 — *Chasse à la perdrix.*

39 — *Chasse au lièvre.*

40 — *Chasse à la bécasse.*

750

Suite de cinq gravures anglaises de sport. Superbes épreuves *imprimées en couleurs.* Remargées.

PAYE (D'après)

41 — *Young Girl.*

Estampe anglaise, gravée à la manière noire par V. Green. Très belle épreuve avec la lettre tracée à la pointe. Marges. Cadre ancien.

PENNY (D'après E.)

42 — *The Profligate punished by Neglect and contempt.*

43 — *I saw a smith stand.*

Deux estampes anglaises faisant pendants, gravées par V. Green et Houston. Très belles épreuves. Marges.

RAMBERG

44 — *Le Marché aux esclaves.*

Estampe en travers coloriée par le maître pour servir de modèle.

SCHALL (D'après)

45 — *L'Amant surpris.*

46 — *Les Espiègles.*

Deux estampes faisant pendants, gravées par Descourtis. Superbes épreuves *imprimées en couleurs*, la première avec marges. Rares.

SERGENT-MARCEAU

47 — *Portrait en pied de Marceau.*

Représenté dans le fort qu'il venait d'enlever et d'où il commanda l'attaque de la ville de Coblentz ; il est peint avec l'uniforme qu'il portait le jour où il fut blessé à mort.

Très belle gravure en épreuve superbe *imprimée en couleurs.* Grandes marges. Rare en cet état. Cadre ancien.

SINGLETON (D'après)

48 — *The Market Girl.*

Estampe anglaise, gravée par C. STREET. Superbe épreuve *imprimée en couleurs.* Marges. Rare. Cadre ancien.

SINGLETON (D'après)

49 — *The Wandering stable.*

Estampe anglaise en travers, gravée par STREET. Très belle épreuve *imprimée en couleurs.* Marges. Cadre ancien.

TAUNAY (D'après N.)

50 — *La Noce de Village.*

51 — *La Foire de Village.*

52 — *La Rixe.*

53 — *Le Tambourin.*

>Célèbre suite de quatre estampes, gravées par Descourtis. Superbes et fraîches épreuves *imprimées en couleurs*. Avec marges. Rares à trouver réunies.

TROLL

54 — *Vue du lac de Sarnen.*

55 — *Vue du lac de Wallenstadt.*

>Deux estampes en travers faisant pendants. Très belles épreuves *imprimées en couleurs*. Marges.

VAN GORP (D'après)

56 — *La Ruse.*

57 — *La Surprise.*

>Deux estampes en travers faisant pendants, gravées par Honoré. Très belles épreuves *imprimées en couleurs*. Marges. Très rares.

VIDAL

58 — *Le Malin cuisinier*.

59 — *La Cuisinière françoise* (sic).

> Deux estampes faisant pendants, en travers, d'après COLLIBERT et GAZARD. Très belles et rares épreuves *imprimées en couleurs*. Marges.

WARD et GIANNI (D'après)

60 — *Le Printemps*.

61 — *L'Été*.

62 — *L'Automne*.

63 — *L'Hiver*.

> Suite de quatre pièces, gravées par BARTOLOTTI et TRESCA. Très belles épreuves imprimées en couleurs. Marges.

WESTHALL (D'après)

64 — *The little gipsy*.

> Petite estampe anglaise, gravée par IOSI, élève de Bartolozzi. Belle épreuve *imprimée en couleurs*.

ANCIENNES FAIENCES DE ROUEN

65 — ASSIETTE à bord festonné et décor polychrome : corne fleurie d'œillets, oiseau exo-
tique, papillons et fleurettes. Petite bordure
dentelée.

Diam., 25 cent.

66 — PETIT COMPOTIER octogonal, à bord godronné
et contourné ; décor en couleur : trophée de carquois, corne, flambeau, oiseau et fleurs. Bordure à festons feuillagés et fond carrelé pointillé
de bleu.

Diam., 18 cent. 1/2.

67 — PORTE-HUILIER de forme ovale, à contour et
deux mascarons, à décor Louis XV polychrome :
bouquets et jetés de fleurs avec papillons. Marqué : *MD* au revers.

Long., 24 cent.

68 — ASSIETTE à décor polychrome Louis XV ; au
centre, trophée de carquois, flambeau, corne,
oiseau et fleurs. Bordure à festons feuillagés et
fleuris et fond quadrillé. Marquée : *M* au revers.

Diam., 24 cent.

69 — COMPOTIER octogonal, à bord découpé en festons ; décor polychrome dans le goût chinois :
paysage avec pagode, rochers, arbustes fleuris,
cactus et personnage se promenant un parasol

ouvert. Petite bordure dentelée. Marquée : *DT*
au revers.

Diam., 25 cent. 1/2.

70 — PORTE-HUILIER, de forme oblongue et octogonale, orné de deux mascarons. Riche décor
Louis XIV en bleu et rouge à lambrequin de
quadrillé, festons et chute de fleurs. Bordures
dentelées au sommet ainsi qu'à la base.

Long., 24 cent.

71 — ASSIETTE plate, à décor bleu; au centre, corbeille de fruits et fleurs sur un cul-de-lampe.
Marli à riche lambrequin Louis XIV, à compartiments et culots reliés par des guirlandes.

Diam., 24 cent.

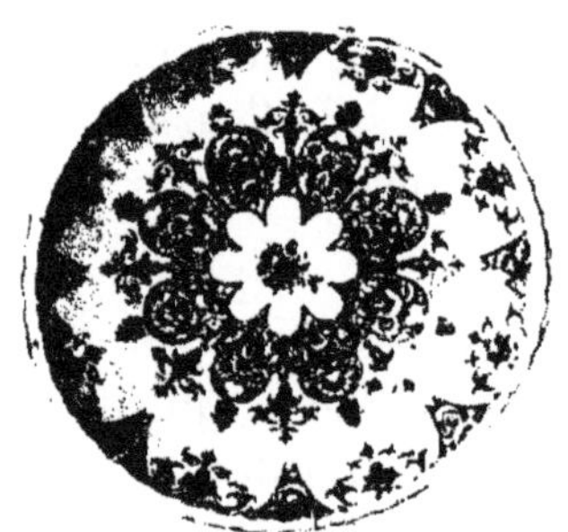

Nº 72

72 — COMPOTIER rond, à bord godronné, décor bleu
rayonnant: au centre, rosace à lambrequin et
ornements réservés en blanc sur fond bleu.
Bordure à culots, formant dents de rosace.

Diam., 23 cent. 1/2.

73 — PLAT creux, à bord festonné et décor Louis XV
polychrome; au centre, cul-de-lampe à corbeille
de fleurs sur rinceaux. Bordure à festons de
feuillage, fleurs variées sur fond piqueté. Filet
et dentelure au bord.

Diam., 38 cent. 1/2.

74 — PLAT ovale, à contour, décoré en couleur au
centre et au marli de branchages ou festons de
fleurs formant rinceaux. Petite bordure à entre-
lacs.

Long., 49 cent.; larg., 36 cent.

75 — ASSIETTE, à bord festonné et décor bleu; au
centre, corbeille de fruits et fleurs sur cul-de-
lampe à draperie : marli à six médaillons carrelés reliés par des guirlandes de fleurs. Marquée : *h* au revers.

Diam., 23 cent. 1 2.

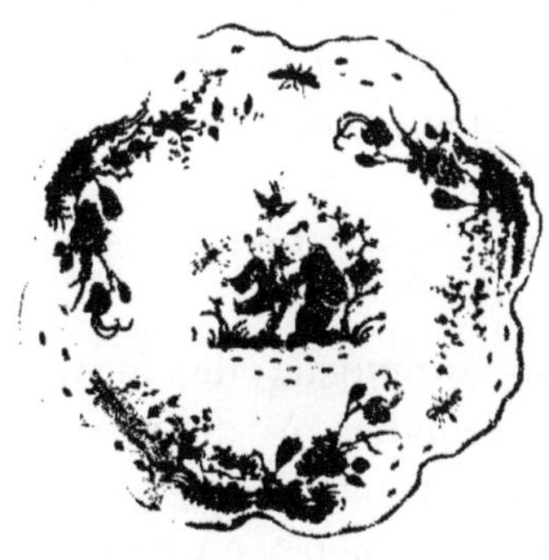

N° 76

76 — COMPOTIER octogonal, à bord découpé en festons, décor polychrome dans le goût chinois :

au centre, groupe de deux enfants dansant
près d'un arbuste fleuri ; au-dessus d'eux, oiseau et papillon. Au pourtour, trois motifs de
rochers avec fleurs, séparés par des insectes.
Rare.

Diam., 25 cent. 1/2.

77 — COMPOTIER semblable au précédent.

78 — SAUCIÈRE ET SON PRÉSENTOIR, de forme con-
tournée et lobée, décor polychrome à bouquets
de fleurs et petites fleurettes. La saucière est
munie d'une anse faite d'un branchage au natu-
rel. Le présentoir est marqué : W au-dessous.

Long., 25 cent.

79 — PLAT ovale, à contour et décor polychrome
dit au *dragon*, sur un tertre avec corbeilles et
branches de fleurs, oiseau et papillons. Petite
bordure dentelée.

Long., 40 cent ; larg., 28 cent.

80 — CACHE-POT-JARDINIÈRE, de forme cylindrique
avec base arrondie, à deux anses-coquilles,
décor en bleu et rouge ; large lambrequin à fond
bleu et motifs de fleurs en réserve ; deux bordures à la base et une au rebord supérieur qui
est cerclé d'étain.

Haut., 19 cent.

— 19 —

81 — Petit vase droit, à col rétréci, de section octogonale, décor Louis XIV en bleu, lambrequins et bordures à réserves de feuilles en blanc.

Haut., 18 cent.

82 — Assiette, à bord festonné et décor polychrome, cactus et branches d'œillets sur lesquelles sont perchés deux oiseaux exotiques. Petite bordure dentelée. Marquée au revers : *II R*.

Diam., 25 cent.

83 — Plat ovale, à contours et décor Louis XV polychrome ; au centre, trophée de carquois, torche, corne, oiseau et fleurs. Marli à festons feuillagés et fleurs avec fond de quadrillé pointillé de bleu. Petite bordure dentelée. Marquée : *Dl* au revers.

Long., 39 cent.; larg., 28 cent.

84 — Compotier octogonal, à décor polychrome; au centre, corbeille de fleurs et fruits; au pourtour, compartiments en forme de trèfle, avec petite corbeille au centre, réunis par des guirlandes de fruits, feuillages et fleurs. Marqué : *M* au revers.

Diam., 22 cent

(Collection A. Lefrançois.)

85 — Compotier semblable au précédent. (Non marqué.)

121

86 — Compotier semblable au précédent. (Non marqué.)

205

87 — Assiette, à décor polychrome. Au centre, pagode, arbustes, fleurs, oiseau et insecte; au marli, bordure à fond gros bleu, décoré de rinceaux de fleurettes et de six chrysanthèmes en réserve et en couleur. Rare.

Diam., 24 cent.

88 — Plateau ou bannette, de forme octogonale, oblongue à deux anses ajourées, décor polychrome. Au centre, paysage dans le goût chinois, à rochers, ponts rustiques, pagodes, arbustes, etc. Bordure à quadrillé et quatre médaillons réservés avec fleurs stylisées. Marqué : *G d* au revers (Guillibaud).

Long., 36 cent. 1/2; larg., 25 cent.

180

89 — Vase ou bouteille, à encolure rétrécie et goulot évasé, de section octogonale. Riche décor Louis XIV en bleu et rouge, à haut lambrequin dentelé à fond bleu et réserves de fleurs. Bordures au sommet, ainsi qu'à la base,

Haut , 22 cent.

105

90 — Assiette, à décor bleu et rouge; au centre, fleurette; au marli, riche lambrequin Louis XIV, à dents de quadrillé et culots à coquilles et volutes.

Diam., 24 cent. 1/2.

91 — Compotier octogonal, à décor polychrome, dans le goût chinois. Au centre, scène à trois personnages sur une terrasse avec balustrade et volatiles. Sur les bords, rochers, cactus, feuillages et fleurs. Rare.

Diam., 24 cent.

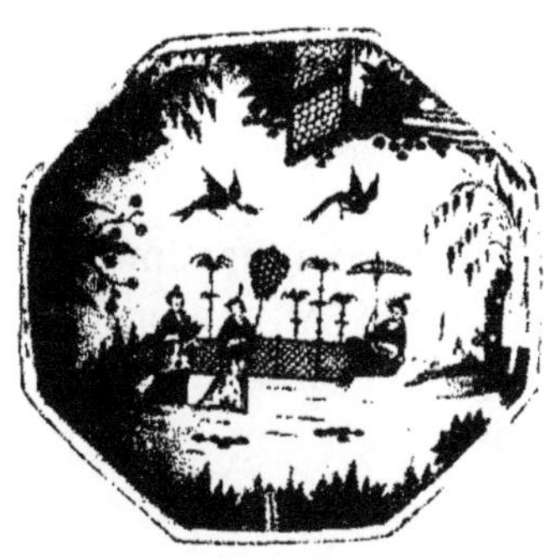

92 — Compotier semblable au précédent.

93 — Petite potiche couverte, de forme balustre, à section octogonale. Décor Louis XVI en bleu, à quatre compartiments et lambrequin, avec ornements réservés en blanc, chutes de fruits et feuillages. Bordures dentelées à la base.

Haut., 28 cent.

94 — Assiette plate, à décor polychrome dans le style chinois, par *Guillibaud*. (Signée : *G. B.* au revers.) Au centre, balustrade et arbuste fleuri. Au marli, huit compartiments dont quatre à quadrillé et quatre médaillons avec branches fleuries stylisées.

Diam., 23 cent. 1 2.

95 — Plateau ou bannette, de forme octogonale, oblongue, à deux anses ajourées, décor bleu et rouge. Au centre, corbeille de fruits et cornes d'abondance s'échappant d'un cul-de-lampe. Riche bordure à lambrequin Louis XIV à médaillons carrelés, chutes de fleurs, culots, volutes, etc.

Long., 32 cent. 1/2; larg., 22 cent.

96 — Salière, à trois compartiments, ou boîte à épices forme trèfle à contour et trois petits pieds, décor polychrome à branches fleuries : oiseaux et insectes.

97 — Assiette, à bord festonné et décor polychrome, médaillon ou coquille avec paysage flanqué de cornes d'abondance d'où s'échappent des fruits ou des branches fleuries avec insectes ; à la base, vase Médicis chargé d'œillets, boutons de roses et autres fleurs. Rare. Marquée au revers : *M c*.

Diam., 23 cent. 1/2.

98 — Plat à bord festonné et décor polychrome dit à la *corne tronquée :* haie fleurie, oiseaux, papillons, fleurettes, etc. Bordure dentelée.

Diam., 29 cent. 1/2.

99 — Plat semblable au précédent.

100 — PLATEAU ou bannette à deux anses, de forme oblongue, à bord contourné et décor polychrome ; au centre, trophée de carquois, torche, corne, oiseau et feuillage fleuri. Marli à festons et fond quadrillé pointillé de bleu.

Long., 39 cent.; larg , 25 cent 1/2.

(*Collection A. Lefrançois.*)

101 — PETIT VASE-CORNET, à col évasé et section octogonale, décor Louis XIV en bleu et rouge fait de trois lambrequins dentelés superposés à fond bleu et réserves de fleurs, feuilles et volutes.

Haut., 17 cent.

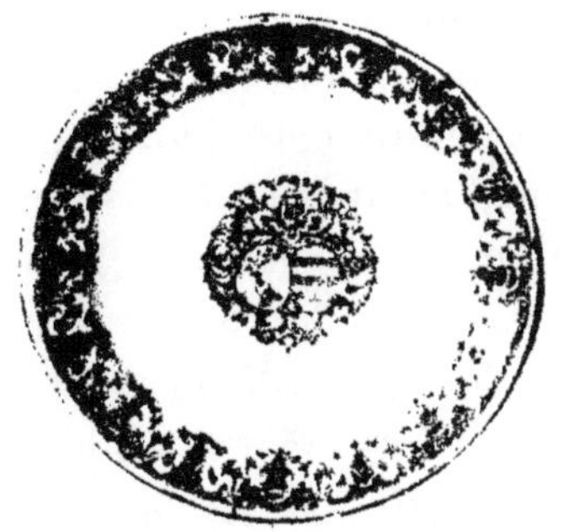

Nº 102

102 — ASSIETTE plate, à décor bleu ; au centre, armoirie formée de deux écus accolés, couronnée d'un cimier et ornementée en blanc réservé. Bordure à lambrequin Louis XIV.

Diam., 24 cent. 1/2.

103 — GRAND PLAT ROND, à décor bleu et rouge de
style rayonnant; au centre, cul-de-lampe à rinceaux portant une corbeille de fleurs et de fruits;
marli à lambrequin, rosaces et chutes de glands,
dents à fond gros bleu et fleurs en réserve
modelées en rouge. Bordure à filet et petits festons dentelés.

Diam., 50 cent.

104 — VASE-CORNET, à base renflée sphérique, décor
Louis XIV en bleu à large lambrequin formant
trois compartiments chargés de culs-de-lampe;
à la base, festons en rinceaux. Socle en bois
remplaçant le piédouche fracturé.

Hauteur totale : 37 cent.

105 — PLATEAU ou bannette, de forme octogonale
oblongue, à deux anses ajourées et décor polychrome; au centre, corbeille de fleurs et fruits;
au pourtour, compartiments à carrelage, guirlandes de fleurs et feuillages. Bordure festonnée
à fond gros bleu et fleurs en réserves. Modelées
en couleur. Marqué : *M* au revers.

Long., 38 cent. 1 2; larg., 25 cent. 1/2.

(Collection A. Lefrançois.)

106 — ASSIETTE, à bord festonné, à décor polychrome, dans le goût chinois; au centre, personnages dont l'un tient un parasol dans un
paysage avec pagode. Au pourtour, rochers,
branches fleuries, etc. Rare.

Diam., 25 cent.

107 — Assiette semblable à la précédente.

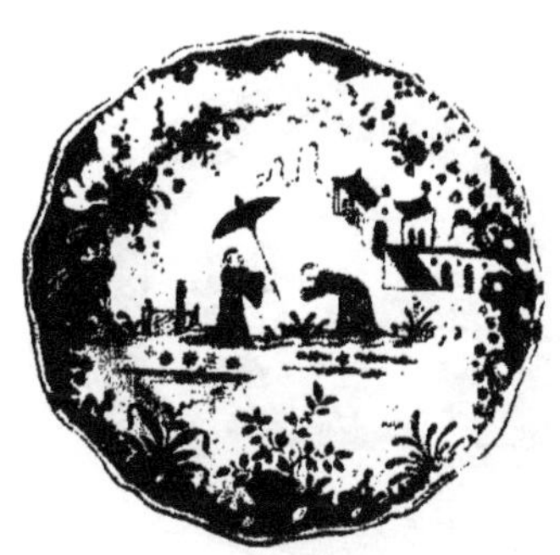

No 106

108 — Paire de cache-pot-jardinières, de forme cylindrique avec base arrondie et deux anses rocailles, décor polychrome à bouquets de fleurs et petites fleurettes. Rares. Marqués au-dessous.

Haut., 18 cent.

109 — Sucrier a poudre, de forme conique, à dessus ajouré fermant à vis, décor Louis XIV, en bleu et rouge, fleurettes et bordures. Monture en étain.

Haut., 21 cent.

110 — Assiette, décorée en couleur. Au centre, sur trois lignes horizontales, petit paysage et jeux d'enfants nus. Riche bordure décorant entièrement le marli à six compartiments alternativement vert ou bleu, séparés par des médaillons

à quadrillé. Chacun des compartiments est décoré de fleurs ou feuillages polychromes. Rare.

Diam., 24 cent.

No 110

111 — **Sucrier a poudre**, de forme conique, à dessus ajouré fermant à vis, décor Louis XIV, en bleu et rouge, à riche lambrequin dentelé, fond bleu avec réserves et guirlandes de fleurs et draperie.

Haut., 18 cent.

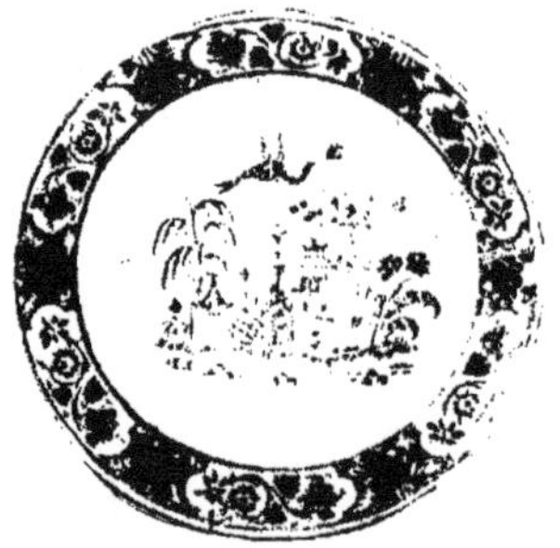

No 112

112 — **Assiette** plate, décorée en couleur. Au centre, riche pagode, arbustes en fleurs, oiseaux et

insecte. Marli à fond bleu, orné de six médaillons réservés en blanc, chargés de rinceaux de feuillages fleuris, séparés par une marguerite jaune. Rare.

Diam., 23 cent. 1/2.

113 — SUCRIER A POUDRE, de forme balustre avec couvercle ajouré, d'une seule pièce, panse godronnée, décor bleu Louis XIV à lambrequin dentelé bleu avec ornements réservés. Bordure à feuillage à la base. Marque illisible au-dessous.

Haut., 21 cent.

114 — SUCRIER A POUDRE, de forme balustre, avec dessus ajouré fermant à vis. Beau décor Louis XIV en bleu et rouge, à lambrequin dentelé à fond bleu et ornements en réserve, godrons simulés et bordures à la base. Marqué : *G V M* au-dessous.

Haut., 22 cent.

(Collection A. Lefrançois.)

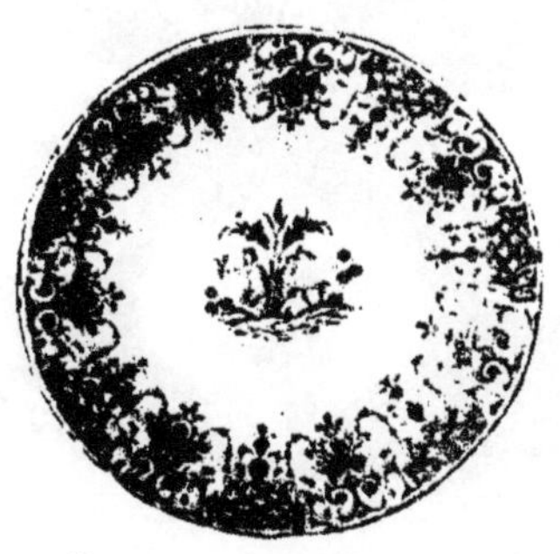

Nº 115

115 — ASSIETTE, décorée en bleu, rouge et vert. Au centre, arbuste entre deux amours forgerons ;

bordure à riche lambrequin Louis XIV, de médaillons à quadrillé et culots à fleurs et feuillages, réunis par des guirlandes.

Diam., 24 cent.

116 — SUCRIER A POUDRE, de forme balustre, avec dessus ajouré fermant à vis. Décor Louis XIV en bleu et rouge, à lambrequin, palmettes; bordures et godrons simulés. Monture et bouton en étain. Marqué : *G L* au-dessous.

Haut., 24 cent.

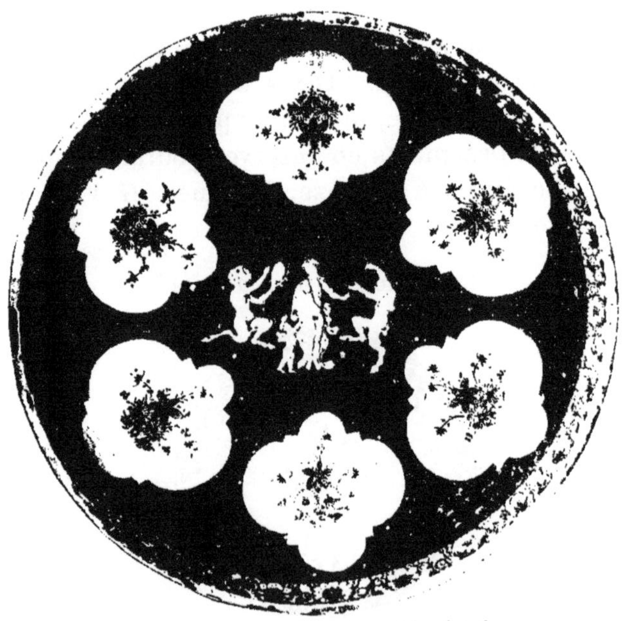

N° 117

117 — PLAT ROND creux, décoré, sur fond *jaune ocre*, d'un motif central : groupe de quatre figu-

res, Vénus et l'Amour entre deux satyres en
bleu ; au centre, d'arabesques et carrelage en
noir. Autour, six réserves blanches en forme de
quartefeuilles chargées de gerbes de fleurettes
en couleur. Bordure à fond bleu, fleurs et fleu-
rons réservés en blanc, modelés en rouge. Bordure extérieure au plat, fond *jaune ocre* carrelé,
interrompu par des médaillons ou rosaces entre
deux filets bleus. Pièce rare.

Diam., 40 cent. 1/2.

ANCIENNES FAIENCES DE STRASBOURG

118 — DEUX COMPOTIERS hexagonaux, à bord dentelé, en ancienne faïence de Strasbourg, à décor
polychrome ; tige de rose et autres fleurettes.

Diam., 21 cent. 1/2.

BRONZES ANCIENS D'AMEUBLEMENT

119 — PAIRE DE CANDÉLABRES, à cinq lumières, for-
més chacun d'une statuette de femme ailée
debout, en bronze patiné, reposant sur une
sphère portée par un socle cylindrique, orné
de couronnes en bas-relief, et portant de ses
deux bras élevés un bouquet de cinq branches
ou rinceaux porte-lumières, en bronze ciselé et
doré. Époque Empire.

Haut., 76 cent.

120 — PAIRE DE PETITS FLAMBEAUX en marbre blanc
et bronze finement ciselé et doré, à base circu-
laire, ceinturée de perles et reposant sur trois
petits pieds-boules. Époque Louis XVI.

Haut., 23 cent.

121 — PAIRE DE BRAS-APPLIQUES, à deux branches
porte-lumière; modèle formé d'un flambeau portant un vase enflammé, à draperie, en bronze
ciselé et doré. Époque Louis XVI.

Haut., 43 cent.

122 — Pendule-cartel d'applique en bronze ciselé et doré. Modèle à mufle de lion et draperies soutenant le mouvement cantonné de petites gaines à têtes de béliers. Couronnement fait d'un buste de satyre. Époque Louis XVI.

Haut., 80 cent.

123 — Pendule en bronze ciselé et doré, formée d'un socle cantonné aux angles de colonnettes cannelées d'ordre ionique, avec chutes de fleurs sur les faces latérales ; à la base, rinceau ajouré. Le couronnement est fait d'un vase en marbre blanc à deux anses, guirlandes et piédouche en bronze doré. Socle en marbre blanc, décoré d'un cours de balustres en applique, et quatre pieds en bronze doré. Le cadran porte l'inscription : *Le Nepveu, à Paris*. Époque Louis XVI.

Haut., 37 cent.

LIVRE

124 — A ndré P ottier. — *Histoire de la Faïence de Rouen*, ouvrage posthume publié par les soins de MM. l'abbé Colas, G. Gouellain et R. Bordeaux, orné de 60 pl. impr. en coul. et de vignettes. Rouen, Auguste Le Brument, éditeur, 1870. 2 vol. in-4°, dont un alb. de pl. Demi-rel. mar. rouge, non rogné.

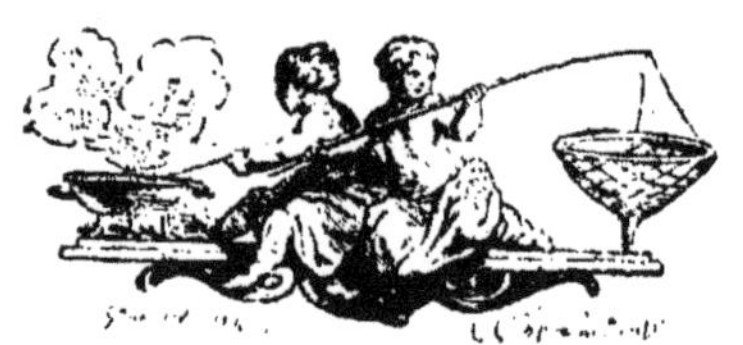

www.ingramcontent.com/pod-product-compliance
Ingram Content Group UK Ltd.
Pitfield, Milton Keynes, MK11 3LW, UK
UKHW031727170726
13836UKWH00001B/488